CÓDIGOS NUMÉRICOS SAGRADOS

Activa 1000+ Números Sagrados con la Numerología para Obtener Salud y Prosperidad

LUNA WILLOW

ISBN: 979-8320259116

ÍNDICE

Introducción

El poder de los números universales es una fuerza misteriosa y omnipresente que impregna el tejido mismo del universo. Desde el alba de los tiempos, los seres humanos han buscado comprender e interpretar el significado oculto detrás de los números, reconociendo su poder para influir en nuestras vidas de maneras profundas y misteriosas. A través de la práctica de la numerología, la cábala y la exploración de los números angelicales, podemos desvelar los secretos ocultos detrás de la secuencia infinita de números que nos rodean, abriendo la puerta a una mayor conciencia, sabiduría y comprensión de nuestro mundo y nuestro destino.

La numerología, la cábala y los números angelicales son antiguos sistemas de conocimiento que tienen raíces profundas en diversas tradiciones espirituales y culturales en todo el mundo. La numerología, por ejemplo, se basa en la idea de que cada número tiene un significado intrínseco y una vibración energética única que puede influir en nuestra vida y nuestro destino. A través de la cábala, una disciplina antigua que se origina en el judaísmo, podemos explorar los misterios de la creación divina y la estructura misma del universo mediante el análisis de los números y las letras del alfabeto hebreo. Los números angelicales, por último, se consideran mensajes divinos enviados por los ángeles para guiarnos, protegernos y apoyarnos en nuestro camino espiritual.

A lo largo de este libro, exploraremos en detalle el poder de los números universales y los fundamentos de la numerología, la cábala y los números angelicales. Aprenderemos cómo interpretar y utilizar los números para obtener una mayor comprensión de nosotros mismos, nuestras relaciones y nuestro propósito en la vida. También examinaremos la práctica de activar los códigos numéricos sagrados para mejorar nuestra salud, protección y bienestar general.

Pero ¿por qué los números tienen tal poder e influencia en nuestras vidas? Para entender completamente el poder de los números universales, debemos explorar el concepto fundamental de la vibración energética. Según esta teoría, todo en el universo, incluidos los números, emana una energía vibrante que afecta nuestras vidas de maneras sutiles pero significativas. Cuando comprendemos y trabajamos en armonía con estas energías, podemos sintonizarnos con el flujo natural del universo y atraer más alegría, abundancia y éxito a nuestras vidas.

La numerología, en particular, nos enseña que cada número tiene un significado específico y una vibración única que puede influir en diferentes aspectos de nuestra vida. Por ejemplo, el número 1 está asociado con nuevos comienzos y liderazgo, mientras que el número 7 se considera sagrado y representa la búsqueda de la verdad y la sabiduría interior. A través de la interpretación de los números presentes en nuestro nombre, fecha de nacimiento y otros aspectos de nuestra vida, podemos obtener valiosas ideas sobre nuestro propósito y destino.

Por otro lado, la cábala nos ofrece una perspectiva más profunda sobre la naturaleza del universo y la divinidad misma. A través del estudio de los números y las letras del alfabeto hebreo, podemos explorar los misterios de la creación divina y la relación entre el hombre y lo divino. La cábala nos enseña que cada número tiene un significado simbólico y una correlación con las Sefirot, las diez emanaciones divinas que forman el árbol de la vida.

Finalmente, los números angelicales nos ofrecen mensajes y guía directamente desde lo alto. Los ángeles son seres espirituales que nos aman y nos apoyan en cada momento de nuestra vida. A través de los números angelicales, los ángeles nos envían señales y advertencias para ayudarnos a navegar por los desafíos y oportunidades que encontramos en nuestro camino. Con práctica y conciencia, podemos aprender a reconocer e interpretar los mensajes de los números angelicales y actuar en consecuencia para mejorar nuestras vidas y el mundo que nos rodea.

En este libro, exploraremos cómo utilizar el

poder de los números universales para obtener una mayor conciencia, sabiduría y bienestar en todas las áreas de nuestra vida. A través de la práctica de activar los códigos numéricos sagrados, podemos abrir la puerta a una mayor sanación, protección y prosperidad. Ya seas un principiante absoluto o un practicante experimentado, este libro te guiará en tu viaje hacia una vida más plena, significativa y centrada en los números sagrados.

1. Fórmula para Activar los Números Sagrados

Introducción a la Fórmula de Activación de Números Sagrados:

En el vasto mundo de los números sagrados, una de las prácticas más poderosas es la activación de los códigos numéricos sagrados. Estos códigos representan secuencias numéricas cargadas de poder y significado, y su activación puede traer beneficios tangibles a nuestras vidas. Pero, ¿cómo podemos activar correctamente estos códigos para aprovechar todo su potencial? En este capítulo, exploraremos una fórmula efectiva para activar los números sagrados, abriendo la puerta a una mayor sanación, protección y bienestar.

La Importancia de la Voluntad Divina:

Antes de comenzar cualquier práctica de activación de números sagrados, es fundamental comprender la importancia de la voluntad divina. La voluntad divina representa la energía creativa y universal que impregna todo el cosmos. Es la fuerza que mantiene unido el universo y guía el curso de los eventos. Al recurrir a la voluntad divina durante la activación de los números sagrados, nos alineamos con la fuerza más poderosa del universo y abrimos la puerta a la manifestación de nuestros deseos más profundos. Para conectarnos con la voluntad divina durante la activación de los códigos numéricos sagrados, debemos estar abiertos y receptivos a la presencia divina. Podemos lograr esto a través de la meditación, la oración o la práctica de la conciencia. Además, debemos ser sinceros y auténticos en nuestros deseos e intenciones, pidiendo solo lo que esté en armonía con el bien más elevado para nosotros y para los demás.

La Invocación en el Nombre de Jesucristo:

Un aspecto importante de la activación de los códigos numéricos sagrados es la invocación en el nombre de Jesucristo. Jesucristo es una figura espiritual venerada por millones de personas en todo el mundo, y su nombre conlleva un enorme poder y autoridad. Cuando invocamos el nombre de Jesucristo durante la activación de los números sagrados, nos beneficiamos de su guía, protección e intercesión divina. La invocación en el nombre de Jesucristo puede ser simple y directa. Podemos pronunciar su nombre con fe y devoción, pidiendo su ayuda en la activación de los códigos numéricos sagrados. También podemos visualizar la presencia de Jesucristo a nuestro alrededor, envolviéndonos con su amor y su luz divina mientras procedemos con la práctica. Con su guía y apoyo, podemos enfrentar cualquier desafío y superar cualquier obstáculo en nuestro camino espiritual.

Activación en Armonía con el Universo:

Otro aspecto crucial de la activación de los códigos numéricos sagrados es hacerlo en armonía con el universo. El universo es un vasto sistema interconectado de energía y conciencia, y cuando actuamos en armonía con él, podemos acceder a un flujo de energía positiva y beneficiosa que nos apoya en nuestra práctica. Para activar los códigos numéricos sagrados en armonía con el universo, debemos ser conscientes de los ciclos naturales y las energías cósmicas que nos rodean. Podemos optar por activar los códigos numéricos sagrados durante ciertos períodos astrológicos o fases lunares que sean propicios para la manifestación de nuestros deseos. También podemos utilizar herramientas como cristales, inciensos o velas para amplificar la energía durante la práctica. Con atención e intención, podemos crear un ambiente propicio para la activación de los números sagrados y aprovechar todo su potencial.

Pedir Permiso para Activar los Códigos Numéricos Sagrados:

Finalmente, un paso importante en la activación de los códigos numéricos sagrados es pedir permiso para hacerlo. Aunque los códigos numéricos sagrados son fuentes de poder y conocimiento, es esencial respetar las leyes divinas y el libre albedrío de los seres espirituales involucrados. Antes de proceder con la activación de los números sagrados, es importante pedir permiso a los ángeles, los espíritus guía o los seres divinos involucrados en la práctica. Podemos hacer esto a través de una simple oración o invocación, expresando respeto y gratitud por el apoyo y la guía divina que recibimos. También podemos pedir a los ángeles o a los seres espirituales que nos protejan y nos guíen durante la práctica, asegurándonos de estar seguros y protegidos mientras avanzamos. Con humildad y respeto, podemos establecer una conexión amorosa y armoniosa con el reino espiritual y abrir la puerta a una mayor sanación, protección y bienestar a través de la activación de los códigos numéricos sagrados.

La Fórmula Recomendada por la Autora:

Repite tres veces con intensidad y con el corazón lleno de esperanza y gratitud:

En el nombre del Divino Creador, que es la fuente de toda vida y la esencia misma del amor y la sabiduría, me dirijo a ti con humildad y respeto. En este momento sagrado, presento mi súplica al Divino, pidiendo permiso para activar el sagrado código número [ ]. Con todo mi corazón y mi

alma, me someto a la voluntad divina, reconociendo que mi deseo está en línea con el plan superior del universo. Con profunda devoción y gratitud, confío en la guía y protección de nuestro amado Señor Jesucristo, el supremo maestro del amor y la compasión. En el nombre de Jesucristo, invoco el poder de su santo nombre, que es una fuente de luz y sanación para todos aquellos que acuden a él con fe y devoción. Con la conciencia de que cada palabra pronunciada en su nombre está impregnada de una fuerza divina, me aventuro a pedir permiso para activar este sagrado código número [ ]. Que esta activación ocurra en perfecta armonía con el universo, respetando el orden divino y contribuyendo al mayor bienestar de todos los seres vivos. Que cada vibración emitida por este sagrado código sea una armoniosa melodía que resuene a través de los reinos celestiales y terrenales, llevando sanación, protección y bendiciones a aquellos que lo necesitan. Que cada paso que doy en este sagrado proceso esté guiado por la sabiduría divina y la compasión infinita de nuestro Señor. Que yo sea un instrumento de luz y amor en el mundo, llevando alegría, paz y sanación a todos los que cruzan mi camino. Con profundo respeto y gratitud, agradezco al Divino por la oportunidad de participar en este acto sagrado de activación. Que su luz divina continúe iluminando mi camino y guiándome por el sendero de la verdad y la conciencia. Así sea, en el nombre del Padre, del Hijo y del Espíritu Santo. Amén.

2. Partes del Cuerpo

Aquí tienes una lista de 25 partes del cuerpo típicamente sujetas a enfermedades, lesiones o molestias, junto con sus respectivos códigos numéricos sagrados:

- Corazón - Código: 12345
- Pulmones - Código: 67890
- Estómago - Código: 54321
- Hígado - Código: 98765
- Riñón - Código: 23456
- Bazo - Código: 78901
- Intestino Delgado - Código: 45678
- Intestino Grueso - Código: 10987
- Vejiga - Código: 65432
- Cerebro - Código: 21098
- Ojos - Código: 76543
- Oídos - Código: 32109
- Nariz - Código: 87654
- Garganta - Código: 54321
- Lengua - Código: 98765
- Encías - Código: 23456
- Dientes - Código: 78901
- Articulaciones - Código: 45678
- Músculos - Código: 10987
- Piel - Código: 65432
- Cabello - Código: 21098
- Uñas - Código: 76543

- Columna Vertebral - Código: 32109
- Rodillas - Código: 87654
- Pies - Código: 54321

Estos códigos numéricos sagrados pueden ser utilizados para activar energías positivas y promover la salud y el bienestar de las respectivas partes del cuerpo.

3. Enfermedades

Aquí tienes una lista de 50 enfermedades, lesiones o molestias, junto con sus respectivos códigos numéricos sagrados:

- Influenza - Código: 987654
- Dolor de cabeza - Código: 345678
- Resfriado - Código: 876543
- Infección del tracto urinario - Código: 234567
- Dolor de espalda - Código: 765432
- Artritis - Código: 456789
- Asma - Código: 543210
- Ansiedad - Código: 654321
- Depresión - Código: 321098
- Enfermedad de Alzheimer - Código: 210987
- Diabetes - Código: 789012
- Hipertensión - Código: 109876
- Colesterol alto - Código: 890123
- Enfermedad de Parkinson - Código: 210987
- Enfermedad de Crohn - Código: 890123
- Úlcera péptica - Código: 654321
- Trastorno bipolar - Código: 765432
- Anemia - Código: 543210
- Eccema - Código: 432109

- Trastorno por déficit de atención e hiperactividad (TDAH) - Código: 321098
- Autismo - Código: 987654
- Esclerosis múltiple - Código: 210987
- Enfermedad de Lyme - Código: 543210
- Epilepsia - Código: 876543
- Psoriasis - Código: 123456
- Fibromialgia - Código: 654321
- Trastorno obsesivo-compulsivo (TOC) - Código: 890123
- Trastorno alimentario - Código: 456789
- Enfermedad coronaria del corazón - Código: 109876
- Cáncer - Código: 789012
- Enfermedad de Hashimoto - Código: 210987
- Trastorno del sueño - Código: 543210
- Trastorno de estrés postraumático (TEPT) - Código: 876543
- Enfermedad de Huntington - Código: 234567
- Trastorno de personalidad límite (TPL) - Código: 987654
- Enfermedad de Raynaud - Código: 543210
- Enfermedad de Meniere - Código: 890123
- Gota - Código: 654321
- Enfermedad de Graves - Código: 321098
- Enfermedad de Cushing - Código: 543210
- Endometriosis - Código: 210987

- Síndrome de piernas inquietas - Código: 876543
- Síndrome del intestino irritable (SII) - Código: 109876
- Síndrome de ovario poliquístico (SOP) - Código: 543210
- Tumor cerebral - Código: 210987
- Enfermedad de Buerger - Código: 890123
- Enfermedad de Addison - Código: 321098
- Síndrome de Sjögren - Código: 543210
- Síndrome de Guillain-Barré - Código: 876543
- Síndrome de Marfan - Código: 987654

Estos códigos numéricos sagrados pueden utilizarse como herramienta complementaria para promover la curación y el bienestar de las personas afectadas por estas condiciones.

4. Sexualidad

Aquí tienes una lista de 50 deseos o aspectos relacionados con la sexualidad, junto con sus respectivos códigos numéricos sagrados:

- Mayor intimidad emocional - Código: 573928
- Mejora de la comunicación sexual - Código: 184765
- Aumento de la libido - Código: 629347
- Fortalecimiento del vínculo de pareja - Código: 815924
- Mejora de la confianza sexual - Código: 357619
- Experiencias sexuales más satisfactorias - Código: 492817
- Resolución de problemas de disfunción eréctil - Código: 736241
- Mejora de la excitación sexual - Código: 295378
- Resolución de problemas de eyaculación precoz - Código: 163845
- Mayor satisfacción sexual - Código: 479236
- Aumento de la conciencia del placer sexual - Código: 518649
- Resolución de problemas de anorgasmia - Código: 924167

- Mejora de la flexibilidad sexual - Código: 376892
- Aumento de la creatividad sexual - Código: 718364
- Resolución de problemas de vaginismo - Código: 529473
- Mejora de la armonía sexual - Código: 247186
- Resolución de problemas de libido baja - Código: 639827
- Aumento de la intimidad física - Código: 182735
- Resolución de problemas de impotencia - Código: 398574
- Mayor comprensión mutua en las relaciones íntimas - Código: 647291
- Resolución de problemas de frigidez - Código: 524169
- Mejora de la conexión energética sexual - Código: 871925
- Resolución de problemas de dolor durante las relaciones sexuales - Código: 367819
- Aumento de la duración de las relaciones sexuales - Código: 219457
- Resolución de problemas de falta de deseo sexual - Código: 865312
- Mejora de la satisfacción orgásmica - Código: 563894
- Resolución de problemas de mala comunicación sexual - Código: 478163

- Aumento de la pasión y la atracción sexual - Código: 921347
- Resolución de problemas de dolor durante el sexo anal - Código: 785631
- Mejora de la conexión espiritual en las relaciones íntimas - Código: 236578
- Resolución de problemas de baja libido después del embarazo - Código: 391746
- Aumento de la variedad y la aventura sexual - Código: 584926
- Resolución de problemas de complejos relacionados con la imagen corporal - Código: 647258
- Mejora de la sensibilidad sexual - Código: 139875
- Resolución de problemas de baja autoestima sexual - Código: 582631
- Aumento del deseo de explorar nuevas prácticas sexuales - Código: 926413
- Resolución de problemas de conflictos sexuales en la pareja - Código: 741986
- Mejora de la calidad de las erecciones - Código: 215893
- Resolución de problemas de mala comunicación sobre deseos sexuales - Código: 687451
- Aumento del placer y el orgasmo femenino - Código: 395162
- Resolución de problemas de poca conciencia sexual - Código: 514627

- Mejora de la resistencia sexual - Código: 867341
- Resolución de problemas de falta de lubricación vaginal - Código: 219486
- Aumento del deseo de experimentar nuevas posiciones sexuales - Código: 653918
- Resolución de problemas de ansiedad sexual - Código: 784931
- Mejora de la sensación de conexión con la pareja durante el sexo - Código: 531874
- Resolución de problemas de dificultades en el orgasmo masculino - Código: 476219
- Aumento de la satisfacción sexual mutua - Código: 918367
- Resolución de problemas de baja excitación sexual - Código: 842176
- Aumento del sentido de alegría y placer en las relaciones sexuales - Código: 235791

Estos códigos numéricos sagrados pueden utilizarse para activar energías positivas y manifestar deseos relacionados con la sexualidad, contribuyendo a mejorar la salud sexual y el bienestar general.

5. Embarazo

Aquí hay una lista de 37 deseos o aspectos relacionados con el embarazo, junto con sus respectivos códigos numéricos sagrados:

- Concepción sin complicaciones - Código: 724536
- Un embarazo saludable y sin riesgos - Código: 892147
- Bienestar físico para la madre embarazada - Código: 631829
- Protección divina para la madre y el bebé - Código: 485713
- Ausencia de náuseas matutinas durante el embarazo - Código: 376219
- Un corazón sano para el bebé en desarrollo - Código: 925843
- Energía y vitalidad durante el embarazo - Código: 518724
- Bienestar emocional para la madre embarazada - Código: 694372
- Buena circulación sanguínea para el bebé - Código: 237916
- Paz interior para la madre embarazada - Código: 874129
- Desarrollo saludable del cerebro del bebé - Código: 543987

- Calma y serenidad durante el parto - Código: 219674
- Reducción del dolor durante el parto - Código: 765319
- Un sistema inmunológico fuerte para el bebé - Código: 428613
- Apoyo familiar y social para la madre embarazada - Código: 972485
- Desarrollo adecuado de los órganos del bebé - Código: 631547
- Buena digestión para la madre embarazada - Código: 819632
- Luz y protección para el bebé en el útero materno - Código: 574926
- Sueño reparador para la madre embarazada - Código: 362814
- Fuerza y resistencia durante el parto - Código: 947261
- Piel sana y radiante para la madre embarazada - Código: 538197
- Relaciones armónicas entre la madre y el bebé - Código: 216875
- Una experiencia de parto segura y positiva - Código: 795364
- Nutrición adecuada para el crecimiento del bebé - Código: 631872
- Buena postura para la madre embarazada - Código: 458731
- Apoyo médico competente durante el embarazo y el parto - Código: 372916

- Mente clara y tranquila durante el embarazo - Código: 819543
- Gratitud por la bendición del embarazo - Código: 694215
- Amor incondicional por el bebé en camino - Código: 357982
- Energía positiva en el entorno de la madre - Código: 625437
- Sistema nervioso fuerte para el bebé - Código: 819265
- Alivio del cansancio y la fatiga - Código: 574312
- Parto rápido y sin complicaciones - Código: 362874
- Apoyo espiritual durante el embarazo y el parto - Código: 916543
- Sistema respiratorio fuerte para el bebé - Código: 428197
- Alegría y felicidad en el vínculo con el bebé - Código: 732615
- Crecimiento saludable y armonioso del bebé después del nacimiento - Código: 581749

Estos códigos numéricos sagrados se pueden utilizar para activar energías positivas y manifestar deseos relacionados con el embarazo, contribuyendo a promover un embarazo saludable y un bienestar óptimo para la madre y el bebé.

6. Dependencias

Aquí tienes una lista de 44 deseos o aspectos relacionados con las adicciones, junto con sus respectivos códigos numéricos sagrados:

- Liberación de la dependencia de sustancias - Código: 729384
- Renovada fuerza de voluntad para superar las adicciones - Código: 518279
- Sanación de las heridas emocionales en la base de las adicciones - Código: 637195
- Apoyo y respaldo de la familia y amigos - Código: 426381
- Resolución de las causas subyacentes de la adicción - Código: 915742
- Aceptación y perdón de uno mismo por adicciones pasadas - Código: 843627
- Desarrollo de nuevos intereses y pasiones para reemplazar las adicciones - Código: 274916
- Capacidad para enfrentar el estrés sin recurrir a las adicciones - Código: 753182
- Sanación de las relaciones dañadas debido a las adicciones - Código: 619437
- Autoestima y confianza renovadas después de superar las adicciones - Código: 538291
- Un sentido de paz interior y serenidad - Código: 172845

- Libertad de las obsesiones y compulsiones relacionadas con las adicciones - Código: 496328
- Aprendizaje de nuevas herramientas y técnicas para manejar las tentaciones - Código: 827615
- Fortalecimiento del sistema de apoyo social - Código: 365829
- Experimentación de alegría y placer sin adicciones - Código: 914276
- Resolución de hábitos destructivos asociados con las adicciones - Código: 739251
- Capacidad para vivir en el momento presente sin recurrir a las adicciones - Código: 582931
- Reconexión con la propia espiritualidad y sentido de propósito - Código: 314827
- Resistencia a la presión social y a las tentaciones externas - Código: 629743
- Confianza en el propio potencial para superar las adicciones - Código: 785621
- Apertura a nuevas perspectivas y posibilidades de vida - Código: 241837
- Energía y vitalidad renovadas después de abandonar las adicciones - Código: 578341
- Desarrollo de estrategias de afrontamiento sanas y positivas - Código: 439872

- Sanación de las heridas internas y el trauma asociado con las adicciones - Código: 687215
- Apreciación por la belleza y la alegría de la vida sin adicciones - Código: 912376
- Aceptación de uno mismo y de los propios límites - Código: 257913
- Capacidad para enfrentar el pasado y dejarlo ir - Código: 638521
- Conciencia de los desencadenantes y estímulos que desencadenan las adicciones - Código: 785134
- Conexión con la propia autenticidad y verdad interior - Código: 319728
- Capacidad para pedir y aceptar ayuda cuando sea necesario - Código: 592731
- Expresión y compartición de emociones de manera saludable - Código: 847129
- Sensación de libertad e independencia de las adicciones - Código: 236815
- Amor y compasión hacia uno mismo y hacia los demás - Código: 471823
- Logro de objetivos y sueños personales sin obstáculos de las adicciones - Código: 918364
- Paz interior y serenidad en la mente y en el corazón - Código: 673218
- Equilibrio emocional y mental sin las adicciones - Código: 582917
- Apoyo y guía de una comunidad de recuperación - Código: 429861

- Capacidad para perdonarse a uno mismo y dejar ir la culpa - Código: 764129
- Gratitud por cada día de sobriedad y libertad - Código: 291847
- Conexión con la propia sabiduría interior e intuición - Código: 513297
- Estímulo e inspiración de modelos de rol positivos - Código: 879162
- Felicidad y alegría al vivir una vida auténtica y sin adicciones - Código: 718345
- Conciencia del propio potencial de sanación y transformación - Código: 526731
- Amor incondicional y aceptación de uno mismo y de los demás - Código: 364129

Estos códigos numéricos sagrados pueden utilizarse para activar energías positivas y promover la sanación y la recuperación de las adicciones, ayudando a realizar los deseos de una vida libre y satisfactoria.

7. Estados de Ánimo

Aquí tienes una lista de 51 deseos o aspectos relacionados con los estados de ánimo, junto con sus respectivos códigos numéricos sagrados:

- Paz interior - Código: 827463
- Alegría y felicidad - Código: 541289
- Serenidad mental - Código: 369127
- Gratitud diaria - Código: 732846
- Amor incondicional - Código: 584619
- Autoestima y confianza - Código: 215973
- Aceptación de uno mismo - Código: 697318
- Valentía para enfrentar desafíos - Código: 438192
- Compasión por uno mismo y por los demás - Código: 796234
- Resiliencia emocional - Código: 325871
- Optimismo y esperanza - Código: 187543
- Confianza en el futuro - Código: 639814
- Equilibrio emocional - Código: 274618
- Fuerza interior - Código: 542197
- Conciencia del momento presente - Código: 819426
- Humor y alegría - Código: 356892
- Paciencia y tolerancia - Código: 983215
- Reflexión e introspección - Código: 716429

- Satisfacción y contentamiento - Código: 648732
- Libertad de preocupaciones - Código: 524176
- Liberación de la ira - Código: 371948
- Confort y alivio - Código: 895271
- Respiración profunda y relajación - Código: 237681
- Apertura a la vulnerabilidad - Código: 476519
- Creatividad e inspiración - Código: 614927
- Bondad y generosidad - Código: 359216
- Seguridad y confianza en la intuición propia - Código: 821754
- Armonía y equilibrio emocional - Código: 947312
- Afecto y ternura - Código: 582937
- Despreocupación y ligereza - Código: 197382
- Crecimiento personal y desarrollo espiritual - Código: 736182
- Simplicidad y pureza de corazón - Código: 648219
- Empatía y comprensión - Código: 219473
- Apreciación de la belleza de la vida - Código: 524739
- Gratificación por el propio trabajo - Código: 831497
- Sentido de realización y satisfacción - Código: 457819

- Intencionalidad y determinación - Código: 391782
- Conexión con los demás y sentido de pertenencia - Código: 816294
- Consciencia y presencia en el momento presente - Código: 572163
- Reconocimiento y aceptación de las emociones - Código: 648315
- Entusiasmo y pasión por la vida - Código: 927346
- Gratitud por las pequeñas cosas - Código: 473891
- Tranquilidad y calma interior - Código: 631927
- Armonía con el universo y el propio destino - Código: 295841
- Respiración profunda y consciente - Código: 527814
- Presencia y atención al momento presente - Código: 849316
- Apertura al cambio y al crecimiento - Código: 163895
- Conexión con la propia autenticidad y verdad interior - Código: 732615
- Aceptación de lo que es - Código: 586213
- Sanación y transformación de las heridas emocionales - Código: 361749
- Amor y luz en cada momento - Código: 925817

Estos códigos numéricos sagrados pueden utilizarse para activar energías positivas y promover una variedad de estados de ánimo deseables, contribuyendo a crear un bienestar emocional y espiritual más profundo.

8. Mejorar la apariencia personal

Aquí tienes una lista de 61 deseos o aspectos relacionados con la mejora del aspecto físico, junto con sus respectivos códigos numéricos sagrados:

- Pérdida de peso saludable - Código: 738249
- Tonificación muscular - Código: 615937
- Aumento de la flexibilidad - Código: 429816
- Piel radiante y luminosa - Código: 573921
- Reducción de la celulitis - Código: 821674
- Mejora de la postura - Código: 367492
- Cabello sano y brillante - Código: 194728
- Uñas fuertes y saludables - Código: 586317
- Blanqueamiento dental - Código: 247819
- Vientre plano - Código: 931627
- Eliminación de toxinas del cuerpo - Código: 572931
- Aumento de la energía y vitalidad - Código: 819426
- Reducción de arrugas y líneas finas - Código: 376519
- Reducción de ojeras e hinchazón bajo los ojos - Código: 492715
- Mejora de la circulación sanguínea - Código: 638174

- Hidratación profunda de la piel - Código: 257931
- Reducción de estrías - Código: 715834
- Reducción de grasa abdominal - Código: 384692
- Aumento de fuerza y resistencia - Código: 516729
- Reducción de acné y granos - Código: 291873
- Alivio de dolores musculares y articulares - Código: 873519
- Reducción de hinchazón y retención de líquidos - Código: 416792
- Reducción de la visibilidad de las várices - Código: 598731
- Reducción de grasa corporal - Código: 327614
- Mejora de la salud digestiva - Código: 948273
- Reducción de papada - Código: 761439
- Aumento de resistencia cardiovascular - Código: 254617
- Mejora de la coordinación y equilibrio - Código: 713824
- Reducción de niveles de estrés - Código: 582917
- Mejora de la salud ósea - Código: 193748
- Reducción de tensión muscular - Código: 837691
- Aumento de definición muscular - Código: 619843

- Reducción de calambres musculares - Código: 497231
- Mejora de la salud cardíaca - Código: 285317
- Aumento de flexibilidad espinal - Código: 361927
- Reducción de sensación de fatiga - Código: 941382
- Mejora de bienestar emocional a través del ejercicio - Código: 715293
- Aumento de metabolismo - Código: 382614
- Reducción de tensiones musculares - Código: 729461
- Mejora de coordinación ojo-mano - Código: 517293
- Reducción de dolores articulares - Código: 943671
- Mejora de flexibilidad del cuello - Código: 164729
- Reducción de presión arterial - Código: 536172
- Mejora de resistencia a infecciones - Código: 297183
- Reducción de frecuencia cardíaca en reposo - Código: 817436
- Mejora de resistencia mental - Código: 371928
- Reducción de tensión muscular de mandíbula - Código: 629174
- Aumento de fuerza del core - Código: 843617

- Reducción de hinchazón en piernas y pies - Código: 917284
- Mejora de circulación linfática - Código: 528134
- Reducción de sensación de ardor en los ojos - Código: 615892
- Mejora de coordinación muscular - Código: 249137
- Reducción de tensión de hombros - Código: 873519
- Mejora de flexibilidad de caderas - Código: 318247
- Reducción de migrañas y dolores de cabeza - Código: 924631
- Mejora de flexibilidad de rodillas - Código: 519376
- Reducción de rigidez de cuello - Código: 764921
- Mejora de flexibilidad de tobillos - Código: 637891
- Reducción de presión arterial - Código: 493761
- Mejora de flexibilidad de hombros - Código: 271946

Estos códigos numéricos sagrados pueden ser utilizados para activar energías positivas y promover la mejora del aspecto físico, ayudando a crear un sentido de bienestar y confianza en uno mismo.

9. Salud de los Animales

Aquí tienes una lista de 43 deseos o aspectos relacionados con la salud de las mascotas, junto con sus respectivos códigos numéricos sagrados:

- Buena salud general del animal - Código: 748392
- Bienestar físico y mental - Código: 519274
- Alimentación equilibrada y nutritiva - Código: 627813
- Hidratación óptima - Código: 385927
- Ejercicio regular y movimiento - Código: 913742
- Mantenimiento de un peso saludable - Código: 462819
- Cuidado dental y de las encías - Código: 739281
- Prevención de pulgas y garrapatas - Código: 825416
- Reducción del estrés y la ansiedad - Código: 571938
- Control de alergias y reacciones cutáneas - Código: 694287
- Mantenimiento de una temperatura corporal normal - Código: 317846
- Prevención de enfermedades cardíacas - Código: 928631
- Monitoreo regular de la salud a través de visitas veterinarias - Código: 264739

- Tratamiento de infecciones del oído - Código: 819364
- Prevención de enfermedades transmisibles - Código: 573921
- Apoyo para la salud articular y ósea - Código: 429713
- Control de la diabetes y la glucemia - Código: 638572
- Atención médica para heridas y lesiones - Código: 197485
- Prevención de infecciones del tracto urinario - Código: 742918
- Tratamiento de enfermedades respiratorias - Código: 315872
- Cuidado y limpieza de los oídos - Código: 528714
- Prevención de enfermedades parasitarias - Código: 936127
- Tratamiento de alergias alimentarias - Código: 481936
- Cuidado de los ojos y prevención de infecciones - Código: 683219
- Prevención de enfermedades infecciosas - Código: 274915
- Apoyo para una buena digestión - Código: 819346
- Prevención de intoxicaciones alimentarias - Código: 536197
- Tratamiento de afecciones de la piel - Código: 491827
- Control del colesterol y la salud cardiovascular - Código: 812634

- Prevención de enfermedades renales - Código: 372615
- Apoyo para la salud del sistema inmunológico - Código: 619427
- Prevención de úlceras estomacales - Código: 758213
- Tratamiento de enfermedades neurológicas - Código: 249176
- Cuidado de uñas y patas - Código: 931467
- Prevención de enfermedades oculares - Código: 674192
- Apoyo para una buena circulación sanguínea - Código: 485612
- Prevención de infecciones dentales - Código: 726381
- Tratamiento de afecciones de la vejiga - Código: 536918
- Apoyo para una buena función hepática - Código: 914236
- Prevención de enfermedades gastrointestinales - Código: 392817
- Control de infestaciones por parásitos intestinales - Código: 819257
- Apoyo para una buena salud de la próstata (en machos) - Código: 527419
- Prevención de enfermedades de la tiroides - Código: 694128

Estos códigos numéricos sagrados pueden ser utilizados para activar energías positivas y promover la salud y el bienestar de las mascotas, ayudando a mantenerlas felices y saludables.

10. Días de la semana

Aquí tienes una lista de 35 deseos o aspectos relacionados con los días de la semana, junto con sus respectivos códigos numéricos sagrados:

- Energía y vitalidad para enfrentar el Lunes - Código: 784219
- Motivación y determinación para comenzar la semana - Código: 521637
- Creatividad e inspiración para el Martes - Código: 396718
- Productividad y enfoque en el trabajo - Código: 627845
- Amor y armonía en las relaciones el Miércoles - Código: 418923
- Paciencia y tolerancia hacia los demás - Código: 739182
- Prosperidad y abundancia financiera para el Jueves - Código: 518297
- Oportunidades y éxito en los negocios - Código: 927416
- Salud y bienestar para el Viernes - Código: 634721
- Relax y diversión después de una semana de trabajo - Código: 815372
- Reflexión y crecimiento personal el Sábado - Código: 293846
- Tiempo para descansar y renovarse - Código: 467821

- Gozo y serenidad en la familia el Domingo - Código: 819374
- Compartir momentos preciosos con seres queridos - Código: 572931
- Fuerza y resiliencia para enfrentar los desafíos del Lunes - Código: 362819
- Optimismo y positividad para enfrentar el Martes - Código: 618327
- Sabiduría e intuición el Miércoles - Código: 947163
- Determinación y perseverancia para el Jueves - Código: 528491
- Amor y gratitud para el Viernes - Código: 731982
- Equilibrio y armonía para el Sábado - Código: 295817
- Paz y tranquilidad para el Domingo - Código: 846291
- Crecimiento y evolución personal el Lunes - Código: 519438
- Coraje y confianza el Martes - Código: 267841
- Compasión y amabilidad el Miércoles - Código: 438672
- Prosperidad y abundancia el Jueves - Código: 729164
- Salud y bienestar el Viernes - Código: 619284
- Gratitud y aprecio para el Sábado - Código: 392716
- Paz interior y serenidad para el Domingo - Código: 816379

- Optimismo y positividad para comenzar la semana el Lunes - Código: 587219
- Energía y vitalidad para enfrentar el Martes - Código: 731846
- Creatividad e inspiración el Miércoles - Código: 924718
- Motivación y determinación para el Jueves - Código: 613972
- Amor y gratitud el Viernes - Código: 519284
- Reposo y relajación el Sábado - Código: 627391
- Gozo y serenidad el Domingo - Código: 293176

Estos códigos numéricos sagrados pueden utilizarse para activar energías positivas y manifestar deseos específicos relacionados con cada día de la semana, contribuyendo a crear una vida más equilibrada y satisfactoria.

11. Trabajo y Negocios

Aquí tienes una lista de 57 deseos o aspectos relacionados con el trabajo o los negocios, junto con sus respectivos códigos numéricos sagrados:

- Éxito profesional - Código: 837146
- Prosperidad financiera - Código: 569318
- Carrera satisfactoria - Código: 214897
- Logro de objetivos laborales - Código: 736912
- Reconocimiento y aprecio de los colegas - Código: 491827
- Promoción o avance en la carrera - Código: 621793
- Aumento de ingresos - Código: 385216
- Seguridad financiera y estabilidad - Código: 917364
- Equilibrio entre vida laboral y personal - Código: 582931
- Ambiente laboral armonioso y colaborativo - Código: 729163
- Creatividad e innovación en el trabajo - Código: 314972
- Confianza y autoeficacia - Código: 648217
- Competencia y profesionalismo - Código: 819634
- Resolución efectiva de conflictos laborales - Código: 572918

- Habilidades de liderazgo y toma de decisiones - Código: 493671
- Colaboraciones rentables y asociaciones exitosas - Código: 916374
- Equilibrio entre desafíos estimulantes y tranquilidad - Código: 257931
- Satisfacción en el trabajo - Código: 816294
- Adaptabilidad y flexibilidad - Código: 739218
- Aumento de oportunidades de networking - Código: 462193
- Realización de proyectos ambiciosos - Código: 598217
- Crecimiento profesional y desarrollo personal - Código: 361927
- Autonomía y libertad laboral - Código: 927436
- Reducción del estrés y la ansiedad laboral - Código: 514927
- Equilibrio entre trabajo y tiempo libre - Código: 731864
- Oportunidades de formación y actualización profesional - Código: 219673
- Gratificación por contribuciones laborales - Código: 673819
- Estabilidad y seguridad en el empleo - Código: 384972
- Empatía y capacidad de colaboración - Código: 496217

- Transparencia e integridad en relaciones laborales - Código: 728419
- Habilidad para resolver problemas eficazmente - Código: 537192
- Respeto por diversas opiniones y perspectivas - Código: 819462
- Crecimiento del negocio o actividad comercial - Código: 514738
- Excelencia en servicio al cliente - Código: 693217
- Respeto por la vocación y pasión - Código: 816297
- Habilidad para delegar responsabilidades eficazmente - Código: 392761
- Resultados positivos y satisfactorios - Código: 627813
- Colaboración con socios confiables y leales - Código: 927615
- Crecimiento constante y progreso en el trabajo - Código: 491736
- Habilidad para superar obstáculos y desafíos - Código: 816534
- Armonía entre trabajo y otros aspectos de la vida - Código: 258173
- Habilidad para influir positivamente en otros - Código: 739126
- Conciencia de habilidades y talentos propios - Código: 618374
- Equilibrio entre aspectos materiales y espirituales del trabajo - Código: 349216
- Oportunidades de crecimiento y expansión del negocio - Código: 597318

- Respeto por el tiempo y la energía invertidos en el trabajo - Código: 861327
- Habilidad para negociar acuerdos beneficiosos - Código: 431872
- Apreciación por el valor del trabajo realizado - Código: 738619
- Habilidad para gestionar el tiempo de manera eficiente - Código: 916384
- Respeto por la diversidad e inclusión en el trabajo - Código: 528374
- Creación de un ambiente laboral positivo y motivador - Código: 627319
- Autenticidad y coherencia en relaciones profesionales - Código: 913274
- Habilidad para adaptarse a cambios en el mercado - Código: 542198
- Visión clara y objetivos definidos para el futuro - Código: 819536
- Compartir conocimientos y habilidades con otros - Código: 364217
- Gratitud por oportunidades de crecimiento y aprendizaje - Código: 627983
- Respeto por el equilibrio entre ganancias e impacto social - Código: 518267

Estos códigos numéricos sagrados pueden ser utilizados para activar energías positivas y manifestar deseos específicos relacionados con el trabajo y los negocios, contribuyendo a crear éxito, prosperidad y satisfacción profesional.

12. Abundancia y prosperidad

Aquí tienes una lista de 61 deseos o aspectos relacionados con la abundancia y la prosperidad, junto con sus respectivos códigos numéricos sagrados:

- Manifestación de riqueza y prosperidad - Código: 739218
- Abundancia financiera y estabilidad - Código: 527691
- Crecimiento y expansión financiera - Código: 618374
- Prosperidad en todas las áreas de la vida - Código: 916327
- Flujo constante de dinero y recursos - Código: 481936
- Oportunidades de inversión rentables - Código: 827613
- Logro de objetivos financieros - Código: 369812
- Bienestar material y satisfacción - Código: 512947
- Apertura a la abundancia universal - Código: 673819
- Gratitud por las bendiciones financieras - Código: 291837
- Abundancia de oportunidades laborales - Código: 736192

- Riqueza interior y exterior - Código: 819473
- Ahorro y acumulación de riqueza - Código: 572914
- Creación de una mentalidad de abundancia - Código: 394861
- Prosperidad en relaciones personales y profesionales - Código: 627184
- Gratitud por la abundancia presente - Código: 815297
- Atracción de oportunidades financieras - Código: 491728
- Compartir generosamente los recursos - Código: 736419
- Liberación de bloqueos financieros - Código: 917386
- Generosidad y caridad - Código: 618293
- Flujo libre de energía financiera - Código: 482917
- Seguridad y protección financiera - Código: 739216
- Aumento de la abundancia espiritual - Código: 291647
- Actitud positiva hacia la riqueza - Código: 816392
- Crecimiento del patrimonio personal - Código: 538179
- Apertura a la abundancia cósmica - Código: 614927
- Bienestar financiero para uno mismo y para los demás - Código: 739518

- Realización de sueños y deseos materiales - Código: 925317
- Sabiduría en el uso de recursos financieros - Código: 641927
- Expansión de la conciencia de la abundancia - Código: 519736
- Riqueza de amor y afecto - Código: 297384
- Abundancia de oportunidades de crecimiento personal - Código: 732615
- Aumento de la prosperidad a través de la gratitud - Código: 618527
- Flujo armonioso de dinero y bienestar - Código: 297183
- Despertar de la conciencia financiera - Código: 825197
- Manifestación de abundancia a través de la visualización - Código: 617294
- Prosperidad en relaciones familiares - Código: 419628
- Aumento de la riqueza interior - Código: 736529
- Abundancia de alegría y felicidad - Código: 918263
- Expansión de la visión financiera - Código: 614739
- Creatividad en la atracción de riqueza - Código: 379216
- Prosperidad en negocios y relaciones - Código: 538197
- Logro de objetivos financieros a corto plazo - Código: 917642

- Flujo constante de gratitud por la abundancia - Código: 529173
- Atracción de clientes y clientela - Código: 824197
- Aumento de la abundancia a través de la generosidad - Código: 631974
- Bienestar financiero y salud - Código: 819374
- Crecimiento de la abundancia a través de la conciencia - Código: 524719
- Logro de objetivos financieros a largo plazo - Código: 736198
- Flujo armonioso de dinero y felicidad - Código: 915827
- Atracción de oportunidades de éxito - Código: 729361
- Despertar de la abundancia interior - Código: 648197
- Conciencia de la propia capacidad para crear riqueza - Código: 819634
- Realización de sueños y deseos financieros - Código: 526819
- Flujo de prosperidad a través de la aceptación - Código: 739281
- Manifestación de abundancia a través de la fe - Código: 912738
- Despertar de la gratitud por la abundancia presente - Código: 817294
- Atracción de nuevas oportunidades financieras - Código: 638197
- Flujo constante de abundancia a través de la dedicación - Código: 291834

- Expansión de la abundancia a través de la inspiración - Código: 641927
- Despertar de la abundancia a través del amor - Código: 729183

Estos códigos numéricos sagrados pueden ser utilizados para activar energías positivas y manifestar deseos específicos relacionados con la abundancia y la prosperidad, contribuyendo a crear una vida de riqueza material y espiritual.

13. Relaciones humanas

Aquí tienes una lista de 55 deseos o aspectos relacionados con las relaciones humanas, junto con sus respectivos códigos numéricos sagrados:

- Amor incondicional - Código: 749216
- Armonía y comprensión mutua - Código: 518297
- Comunicación abierta y sincera - Código: 627813
- Respeto mutuo - Código: 394862
- Compartir alegrías y tristezas - Código: 819634
- Empatía y compasión - Código: 928173
- Confianza y fiabilidad - Código: 361927
- Apoyo mutuo en momentos difíciles - Código: 539216
- Amistad sincera y duradera - Código: 715492
- Resolución pacífica de conflictos - Código: 846291
- Crecimiento y desarrollo personal juntos - Código: 492817
- Risas y momentos de alegría compartida - Código: 639182
- Presencia y atención mutua - Código: 527381
- Aceptación y tolerancia de las diferencias - Código: 381947

- Apoyo mutuo en la realización de sueños - Código: 916382
- Gratitud por la presencia del otro - Código: 572913
- Generosidad al ayudarse mutuamente - Código: 819463
- Transparencia y honestidad en las relaciones - Código: 647291
- Celebración de los éxitos del otro - Código: 738219
- Respeto del espacio personal - Código: 291837
- Complicidad y diversión juntos - Código: 639218
- Apoyo mutuo en el logro de metas - Código: 527319
- Asesoramiento y consuelo mutuo - Código: 918372
- Protección mutua - Código: 736219
- Elogios y aprecio sincero - Código: 912738
- Comprensión y respeto de las necesidades del otro - Código: 518294
- Presencia constante en momentos difíciles - Código: 649281
- Valoración de las cualidades y talentos del otro - Código: 827361
- Creación de recuerdos preciosos juntos - Código: 394872
- Respeto de las opiniones y valores del otro - Código: 672913
- Animo y apoyo mutuo - Código: 819527

- Creación de un vínculo profundo y auténtico - Código: 527914
- Comprensión y respeto de los límites del otro - Código: 649281
- Afecto y demostración constante de amor - Código: 918736
- Apoyo mutuo durante los desafíos de la vida - Código: 539721
- Celebración de logros alcanzados juntos - Código: 738291
- Respeto y gratitud por la contribución mutua - Código: 291846
- Compartir intereses y pasiones - Código: 827913
- Aceptación incondicional - Código: 639218
- Comprensión de las debilidades y fortalezas del otro - Código: 518274
- Respeto de los tiempos y ritmos del otro - Código: 649281
- Construcción de un vínculo de confianza mutua - Código: 738219
- Gratitud por la constante presencia del otro - Código: 927381
- Compartir momentos de intimidad y confianza - Código: 649183
- Apoyo en enfrentar miedos e inseguridades - Código: 927381
- Respeto de las necesidades y prioridades del otro - Código: 649281
- Compartir valores y visiones comunes - Código: 738219

- Apoyo mutuo durante momentos de crisis - Código: 927381
- Celebración de la diversidad y unicidad del otro - Código: 649183
- Transformación mutua a través del amor y el cuidado - Código: 927381
- Compartir proyectos y objetivos de vida - Código: 738219
- Aceptación y respeto de las elecciones y caminos del otro - Código: 927381
- Apreciación de la presencia y contribución del otro - Código: 649183
- Respeto mutuo de la libertad individual - Código: 927381
- Construcción de un vínculo de apoyo y comprensión mutuos - Código: 738219

Estos códigos numéricos sagrados pueden utilizarse para activar energías positivas y manifestar deseos específicos relacionados con las relaciones humanas, contribuyendo a crear vínculos profundos, armónicos y gratificantes con los demás.

14. Protección

Aquí tienes una lista de 42 deseos o aspectos relacionados con la protección, junto con sus respectivos códigos numéricos sagrados:

- Protección contra influencias negativas - Código: 527936
- Seguridad física y mental - Código: 819462
- Escudo de luz contra energías oscuras - Código: 643187
- Protección contra ataques psíquicos - Código: 291847
- Armonía y protección en el entorno doméstico - Código: 738291
- Resguardo contra influencias malévolas - Código: 916372
- Protección durante los viajes - Código: 527816
- Escudo protector contra enfermedades - Código: 639217
- Protección durante actividades deportivas - Código: 819463
- Preservación contra la envidia y el mal de ojo - Código: 527319
- Defensa contra ataques físicos - Código: 918364
- Protección durante actividades espirituales - Código: 527819

- Refugio contra eventos naturales - Código: 649281
- Protección contra la negatividad emocional - Código: 927381
- Sanación y protección durante la meditación - Código: 518297
- Preservación contra la violencia y la agresión - Código: 736291
- Protección contra enfermedades infecciosas - Código: 619347
- Escudo contra accidentes y desastres - Código: 529173
- Protección contra influencias tóxicas - Código: 816294
- Defensa contra ataques energéticos - Código: 927361
- Sanación y protección durante el sueño - Código: 518297
- Preservación contra influencias nocivas del ambiente - Código: 649281
- Protección durante prácticas espirituales - Código: 738219
- Defensa contra energías negativas de las personas - Código: 927381
- Sanación y protección durante prácticas de sanación - Código: 819634
- Preservación contra los efectos dañinos de la tecnología - Código: 649281
- Protección durante actividades al aire libre - Código: 738219
- Defensa contra energías psíquicas negativas - Código: 927381

- Sanación y protección durante el trabajo - Código: 819463
- Escudo protector contra influencias astrales negativas - Código: 529173
- Preservación contra influencias negativas de otros - Código: 649281
- Protección durante momentos de vulnerabilidad emocional - Código: 738219
- Defensa contra influencias malévolas de entidades - Código: 927381
- Sanación y protección durante prácticas espirituales - Código: 819634
- Preservación contra los efectos dañinos de las ondas electromagnéticas - Código: 649281
- Protección durante sesiones de sanación - Código: 738219
- Defensa contra energías negativas de los ambientes - Código: 927381
- Escudo protector durante momentos de estrés - Código: 819463
- Preservación contra influencias malévolas del mundo astral - Código: 649281
- Protección durante actividades diarias - Código: 738219
- Defensa contra energías negativas del pasado - Código: 927381
- Sanación y protección durante rituales de purificación - Código: 819634

Estos códigos numéricos sagrados pueden ser utilizados para activar energías positivas y manifestar deseos específicos relacionados con la protección, creando un escudo de luz y amor alrededor de uno mismo y de los demás.

15. Crecimiento espiritual

Aquí tienes una lista de 50 deseos o aspectos relacionados con el crecimiento espiritual, junto con sus respectivos códigos numéricos sagrados:

- Iluminación espiritual - Código: 738291
- Realización de su propósito divino - Código: 619347
- Conexión con la fuente universal - Código: 927381
- Conciencia de su esencia divina - Código: 819634
- Expansión de la conciencia interna - Código: 529173
- Aceptación e integración de las sombras - Código: 746291
- Equilibrio entre mente, cuerpo y espíritu - Código: 819463
- Sanación de las heridas emocionales - Código: 639218
- Trascendencia de las ilusiones de la mente - Código: 927361
- Apertura del corazón a la compasión universal - Código: 738219
- Perdón hacia uno mismo y hacia los demás - Código: 916372
- Conciencia de su conexión con el universo - Código: 529817

- Expansión de la conciencia superior - Código: 819634
- Aceptación de los desafíos como oportunidades de crecimiento - Código: 529173
- Presencia en el momento presente - Código: 927381
- Práctica diaria de gratitud - Código: 738291
- Realización de su potencial divino - Código: 619347
- Expansión del amor incondicional - Código: 819634
- Libre flujo de energía vital - Código: 529817
- Despertar de la sabiduría interior - Código: 746291
- Aceptación de su singularidad - Código: 916372
- Exploración de su espiritualidad - Código: 738219
- Integración de las lecciones de vida - Código: 529173
- Trascendencia de los miedos y limitaciones - Código: 927361
- Conciencia de su responsabilidad espiritual - Código: 819463
- Expresión auténtica de su ser - Código: 529817
- Aceptación de las leyes universales - Código: 746291

- Conexión con las guías espirituales - Código: 916372
- Expansión de la compasión hacia todas las criaturas - Código: 738219
- Despertar de la conciencia cósmica - Código: 529173
- Aceptación del flujo natural de la vida - Código: 927381
- Práctica de perdón y compasión - Código: 819634
- Exploración de los reinos espirituales - Código: 746291
- Integración de la luz y la sombra - Código: 916372
- Conciencia de su conexión con la tierra - Código: 738219
- Expansión de la percepción intuitiva - Código: 529817
- Despertar de la conciencia kármica - Código: 819463
- Aceptación de la dualidad como parte del viaje espiritual - Código: 746291
- Conexión con la energía universal - Código: 916372
- Expresión auténtica del amor universal - Código: 738219
- Despertar de la conciencia de la unidad - Código: 529173
- Aceptación de la transitoriedad de la existencia - Código: 927361
- Práctica de meditación y contemplación - Código: 819634

- Expansión de la percepción de la realidad - Código: 529817
- Despertar de la conciencia de la energía sutil - Código: 746291
- Aceptación de la muerte como parte del ciclo de la vida - Código: 916372
- Conexión con su guía interior - Código: 738219
- Expansión de la conciencia de la eternidad - Código: 529173
- Despertar de la conciencia de la impermanencia - Código: 927361
- Aceptación de su poder creativo - Código: 819634

Estos códigos numéricos sagrados pueden ser utilizados para activar energías positivas y manifestar deseos específicos relacionados con el crecimiento espiritual, facilitando el camino hacia la iluminación y la armonía interior.

16. Chakra

Aquí tienes una lista de 35 deseos o aspectos relacionados con los chakras, junto con sus respectivos códigos numéricos sagrados:

- Apertura y equilibrio del chakra raíz - Código: 927361
- Claridad y seguridad en el chakra sacro - Código: 819634
- Creatividad y pasión en el chakra sacro - Código: 529817
- Equilibrio emocional en el chakra del Plexo Solar - Código: 746291
- Fuerza y autoestima en el chakra del Plexo Solar - Código: 916372
- Expresión personal y comunicación en el chakra de la garganta - Código: 738219
- Escucha activa y verdad en el chakra de la garganta - Código: 529173
- Claridad mental e intuición en el chakra del tercer ojo - Código: 819463
- Conexión espiritual y percepción en el chakra del tercer ojo - Código: 529634
- Sabiduría y conocimiento en el chakra de la coronilla - Código: 927381
- Apertura a la espiritualidad en el chakra de la coronilla - Código: 819217
- Armonía y equilibrio entre los chakras inferiores - Código: 529746

- Energía y vitalidad en el chakra raíz - Código: 916382
- Pasión y sensualidad en el chakra sacro - Código: 738219
- Autoestima y confianza en el chakra del Plexo Solar - Código: 529817
- Expresión creativa en el chakra del Plexo Solar - Código: 819634
- Comunicación auténtica en el chakra de la garganta - Código: 746291
- Claridad de pensamiento en el chakra del tercer ojo - Código: 916372
- Conexión con la sabiduría universal en el chakra del tercer ojo - Código: 927361
- Elevación espiritual en el chakra de la coronilla - Código: 738219
- Apertura a la conciencia cósmica en el chakra de la coronilla - Código: 819463
- Equilibrio y armonía entre todos los chakras - Código: 529817
- Seguridad y estabilidad en el chakra raíz - Código: 927381
- Creatividad y vitalidad en el chakra sacro - Código: 819217
- Autoestima y confianza en el chakra del Plexo Solar - Código: 529746
- Expresión auténtica en el chakra de la garganta - Código: 916382
- Intuición y sabiduría en el chakra del tercer ojo - Código: 738219
- Conexión con la espiritualidad en el chakra del tercer ojo - Código: 529634

- Conciencia de la divinidad en el chakra de la coronilla - Código: 819463
- Apertura a la transformación en el chakra de la coronilla - Código: 927361
- Armonía e integración de los chakras inferiores - Código: 738219
- Equilibrio y arraigo en el chakra raíz - Código: 819634
- Creatividad y alegría en el chakra sacro - Código: 529173
- Autoestima y poder personal en el chakra del Plexo Solar - Código: 927381
- Expresión auténtica y comunicación clara en el chakra de la garganta - Código: 916372

Estos códigos numéricos sagrados pueden ser utilizados para activar energías positivas y manifestar deseos específicos relacionados con los chakras, promoviendo su equilibrio, armonía y desarrollo espiritual.

17. Vida y muerte

Aquí tienes una lista de 46 deseos o aspectos relacionados con la vida y la muerte, junto con sus respectivos códigos numéricos sagrados:

- Aceptación de la ciclicidad de la vida y la muerte - Código: 927381
- Serenidad frente al misterio de la muerte - Código: 819634
- Conciencia de la trascendencia del alma - Código: 529817
- Paz interior en el paso de la vida a la muerte - Código: 916372
- Gratitud por la experiencia de la vida terrenal - Código: 738219
- Presencia reconfortante de los seres queridos después de la muerte - Código: 529173
- Aceptación del fluir natural de la vida y la muerte - Código: 819463
- Sanación de las heridas relacionadas con la pérdida de un ser querido - Código: 927361
- Comprensión de la continuidad del alma después de la muerte - Código: 738219
- Fe en el ciclo eterno de la vida y la muerte - Código: 916382
- Preservación del recuerdo de los seres queridos fallecidos - Código: 529817

- Aceptación de la mortalidad como parte del viaje espiritual - Código: 819634
- Respeto por los rituales fúnebres y el paso del alma - Código: 927361
- Conciencia de la conexión con el reino de los espíritus - Código: 529173
- Aceptación de la muerte como transformación de la energía vital - Código: 738219
- Gratitud por la enseñanza de la muerte en vivir plenamente - Código: 819463
- Presencia amorosa de los ángeles en el momento de la muerte - Código: 916372
- Aceptación de la muerte como parte del ciclo natural - Código: 927381
- Respeto por el paso del alma hacia la luz eterna - Código: 529634
- Conciencia de la libertad del alma más allá de la muerte - Código: 738219
- Aceptación del dolor y la tristeza relacionados con la muerte - Código: 916382
- Respeto por el ciclo de renacimiento y renovación después de la muerte - Código: 819463
- Conciencia de la interconexión de toda la vida y la muerte - Código: 529817
- Aceptación de la muerte como paso hacia una nueva dimensión - Código: 927361
- Respeto por la sabiduría contenida en los ritos fúnebres - Código: 738219

- Conciencia de la continuidad del amor más allá de la muerte - Código: 819634
- Aceptación de la muerte como liberación de la ilusión del ego - Código: 916372
- Respeto por el ciclo eterno de muerte y renacimiento - Código: 927381
- Conciencia de la presencia de los espíritus guías en la transición de la muerte - Código: 529634
- Aceptación de la muerte como regreso a la unidad universal - Código: 738219
- Respeto por el paso del alma hacia la dimensión espiritual - Código: 916382
- Conciencia de la conexión eterna con los seres queridos más allá de la muerte - Código: 819463
- Aceptación de la muerte como parte del camino de evolución del alma - Código: 927361
- Respeto por el regalo de la vida y su inevitable conclusión en la muerte - Código: 529817
- Conciencia de la presencia de los ángeles sanadores durante la transición de la muerte - Código: 738219
- Aceptación de la muerte como oportunidad de transformación y crecimiento espiritual - Código: 916382
- Respeto por el ciclo de nacimiento, vida, muerte y renacimiento en el gran misterio de la existencia - Código: 927381

- Conciencia de la presencia de los antepasados como guías en la transición de la muerte - Código: 529634
- Aceptación de la muerte como retorno a la fuente de amor universal - Código: 738219
- Respeto por el paso del alma hacia una nueva aventura en el universo infinito - Código: 916372
- Conciencia de la conexión del alma con el ciclo cósmico de la vida y la muerte - Código: 819463
- Aceptación de la muerte como liberación del sufrimiento y la ilusión de la individualidad - Código: 927361
- Respeto por el paso del alma a través del velo sutil entre los mundos de la vida y la muerte - Código: 529817
- Conciencia de la presencia de los ángeles de asistencia en el momento de la transición de la muerte - Código: 738219
- Aceptación de la muerte como retorno a la dimensión del eterno amor y luz - Código: 916382
- Respeto por el ciclo eterno de la existencia, que abraza la vida y la muerte como dos caras de la misma moneda - Código: 927381

Estos códigos numéricos sagrados pueden ser utilizados para activar energías positivas y manifestar deseos específicos relacionados con la vida y la muerte, facilitando la comprensión y aceptación del ciclo natural de la existencia.

18. Nuestro planeta

Aquí tienes una lista de 50 deseos o aspectos relacionados con el planeta Tierra y su naturaleza para preservar y proteger, junto con sus respectivos códigos numéricos sagrados:

- Sanación y regeneración del ecosistema marino - Código: 927381
- Conservación de las selvas tropicales - Código: 819634
- Protección de especies en peligro de extinción - Código: 529817
- Respeto por la biodiversidad del medio ambiente - Código: 916372
- Sostenibilidad de los recursos hídricos - Código: 738219
- Reducción de la contaminación atmosférica - Código: 529173
- Regeneración de suelos agrícolas empobrecidos - Código: 819463
- Conservación de los recursos pesqueros - Código: 927361
- Preservación de los ecosistemas costeros - Código: 738219
- Protección de áreas protegidas y parques naturales - Código: 529634
- Respeto por la vida silvestre y su hábitat - Código: 916382

- Regeneración de áreas urbanas degradadas - Código: 819217
- Conservación de recursos naturales no renovables - Código: 927381
- Protección de los arrecifes de coral - Código: 738219
- Protección de las aguas subterráneas - Código: 529817
- Respeto por los ecosistemas de montaña - Código: 916372
- Regeneración de zonas desérticas - Código: 819634
- Conservación de praderas y sabanas - Código: 927361
- Protección de especies migratorias - Código: 738219
- Protección de hábitats fluviales y lacustres - Código: 529173
- Respeto por los ecosistemas insulares - Código: 916382
- Regeneración de pantanos y humedales - Código: 819463
- Conservación de los ecosistemas polares - Código: 927361
- Protección de los recursos forestales - Código: 738219
- Protección de las praderas marinas - Código: 529634
- Respeto por los ecosistemas de alta montaña - Código: 916382

- Regeneración de áreas industriales abandonadas - Código: 819217
- Conservación de los recursos minerales - Código: 927381
- Protección de reservas marinas naturales - Código: 738219
- Protección de los ecosistemas fluviales - Código: 529817
- Respeto por los ecosistemas de bosques templados - Código: 916372
- Regeneración de áreas agrícolas abandonadas - Código: 819634
- Conservación de recursos energéticos renovables - Código: 927361
- Protección de zonas húmedas costeras - Código: 738219
- Protección de los ecosistemas de praderas alpinas - Código: 529634
- Respeto por los ecosistemas de llanuras aluviales - Código: 916382
- Regeneración de áreas urbanas degradadas - Código: 819463
- Conservación de reservas marinas submarinas - Código: 927361
- Protección de los ecosistemas de manglares - Código: 738219
- Protección de los ecosistemas de islas remotas - Código: 529817
- Respeto por los ecosistemas de bosques boreales - Código: 916372

- Regeneración de áreas industriales abandonadas - Código: 819634
- Conservación de recursos hídricos superficiales - Código: 927381
- Protección de los ecosistemas de marismas salobres - Código: 738219
- Protección de los ecosistemas de llanuras aluviales - Código: 529634
- Respeto por los ecosistemas de selvas tropicales - Código: 916382
- Regeneración de áreas agrícolas deshabitadas - Código: 819217
- Conservación de recursos naturales subterráneos - Código: 927361
- Protección de los ecosistemas costeros submarinos - Código: 738219
- Protección de los ecosistemas de arrecifes de coral - Código: 529817

19. Jesucristo

Aquí tienes una lista de 66 deseos o aspectos relacionados con la figura de Jesucristo, junto con sus respectivos códigos numéricos sagrados:

- Amor incondicional de Jesucristo - Código: 927381
- Misericordia divina de Jesús - Código: 819634
- Sanación a través de la fe en Jesús - Código: 529817
- Perdón de los pecados por parte de Jesús - Código: 916372
- Sabiduría y compasión de Jesús - Código: 738219
- Luz y guía de Jesús en las tinieblas - Código: 529173
- Protección divina de Jesús - Código: 819463
- Paz interior a través de la presencia de Jesús - Código: 927361
- Fe en Jesús como salvador - Código: 738219
- Sanación física y espiritual a través de Jesús - Código: 529634
- Fuerza y coraje derivados de la fe en Jesús - Código: 916382
- Consolación y confort en los brazos de Jesús - Código: 819217

- Luz de esperanza proveniente de Jesús - Código: 927381
- Renacimiento espiritual gracias a Jesús - Código: 738219
- Abandono de los miedos con Jesús - Código: 529817
- Libre albedrío a la luz de Jesús - Código: 916372
- Gracia y bendición de Jesús - Código: 819634
- Compartir el amor de Jesús - Código: 927361
- Iluminación interior a través de la presencia de Jesús - Código: 738219
- Salvación eterna a través de Jesús - Código: 529634
- Compasión de Jesús por los que sufren - Código: 916382
- Sanación de las heridas del alma con Jesús - Código: 819463
- Redención a través del sacrificio de Jesús - Código: 927381
- Presencia constante de Jesús en los desafíos de la vida - Código: 738219
- Renacimiento espiritual gracias al sacrificio de Jesús - Código: 529173
- Serenidad interior derivada de la fe en Jesús - Código: 916382
- Aceptación y perdón hacia los demás como enseñanza de Jesús - Código: 819634

- Armonía y paz en el nombre de Jesús - Código: 927361
- Fuerza y resiliencia al enfrentar las pruebas con la fe en Jesús - Código: 738219
- Confianza y compromiso con Jesús como guía - Código: 529817
- Protección divina de Jesús contra las fuerzas del mal - Código: 916372
- Sanación interior a través de la presencia de Jesús - Código: 819463
- Gracia y misericordia de Jesús al perdonar los pecados - Código: 927381
- Renacimiento espiritual con el amor de Jesús - Código: 738219
- Apertura del corazón a la luz de Jesús - Código: 529634
- Confort y apoyo en la presencia de Jesús - Código: 916382
- Gratitud por el amor eterno de Jesús - Código: 819217
- Luz de esperanza emanada de la presencia de Jesús - Código: 927361
- Renacimiento espiritual a través de la gracia de Jesús - Código: 738219
- Fe en Jesús como fundamento de la vida - Código: 529817
- Amor universal de Jesús por toda la humanidad - Código: 916372
- Sanación de las heridas emocionales con el amor de Jesús - Código: 819634

- Presencia constante de Jesús en los desafíos diarios - Código: 927381
- Paz interior y serenidad derivadas de la fe en Jesús - Código: 738219
- Renacimiento espiritual a través de la gracia de Jesús - Código: 529634
- Liberación de las ataduras del pecado con la ayuda de Jesús - Código: 916382
- Consolación y confort en el nombre de Jesús - Código: 819463
- Renacimiento espiritual a través de la presencia de Jesús - Código: 927361
- Confianza y esperanza en el amor de Jesús - Código: 738219
- Transformación y sanación a través de la gracia de Jesús - Código: 529817
- Amor universal de Jesús por toda la creación - Código: 916372
- Sanación de las relaciones interpersonales con el amor de Jesús - Código: 819634
- Presencia constante de Jesús en las dificultades de la vida - Código: 927381
- Paz interior y serenidad al aceptar la voluntad de Jesús - Código: 738219
- Renacimiento espiritual a través de la redención de Jesús - Código: 529634
- Liberación de las ataduras del pecado con la gracia de Jesús - Código: 916382

Estos códigos numéricos sagrados pueden ser utilizados para activar energías positivas y manifestar deseos específicos relacionados con la figura de Jesucristo, fortaleciendo la fe y promoviendo la paz interior y la sanación espiritual.

20. Santos

Aquí tienes una lista de 37 deseos o aspectos relacionados con los santos, junto con sus respectivos códigos numéricos sagrados:

- Intercesión de San Francisco de Asís por la paz - Código: 927381
- Protección de Santa Rita de Casia para causas imposibles - Código: 819634
- Sanación a través de la intercesión de San Juan Pablo II - Código: 529817
- Sabiduría y discernimiento de Santo Tomás de Aquino - Código: 916372
- Compasión de Santa Teresa de Calcuta por los pobres - Código: 738219
- Iluminación espiritual con San Juan Bautista - Código: 529173
- Protección de San Miguel Arcángel contra el mal - Código: 819463
- Ayuda de San José para asuntos familiares - Código: 927361
- Bendición de Santa Lucía para la visión interior - Código: 738219
- Presencia reconfortante de San Padre Pío en momentos de dolor - Código: 529634
- Fuerza y coraje derivados de la intercesión de Santa Catalina de Siena - Código: 916382

- Consolación de Santa María Magdalena para los pecadores - Código: 819217
- Luz y protección de San Francisco de Sales para los escritores - Código: 927381
- Renacimiento espiritual a través de San Pablo apóstol - Código: 738219
- Sabiduría de San Agustín en asuntos filosóficos - Código: 529817
- Amor y compasión de San Valentín por los enamorados - Código: 916372
- Sanación de las heridas del alma con la intercesión de Santa Verónica - Código: 819634
- Serenidad y paz interior con San Juan Evangelista - Código: 927361
- Renacimiento espiritual a través de María Magdalena - Código: 738219
- Protección de San Cristóbal durante los viajes - Código: 529634
- Fuerza y resiliencia con San Jorge en las batallas de la vida - Código: 916382
- Sanación de enfermedades con la intercesión de San Camilo de Lelis - Código: 819463
- Bendición de Santa Bárbara para la protección contra desastres naturales - Código: 927381
- Iluminación espiritual con San Francisco de Asís - Código: 738219
- Protección de San Antonio de Padua contra las tentaciones - Código: 529817

- Fuerza y coraje a través de San Martín de Tours - Código: 916372
- Sanación de heridas emocionales con Santa Rita de Casia - Código: 819634
- Consolación de Santa María para los corazones rotos - Código: 927361
- Luz interior con Santo Domingo de Guzmán - Código: 738219
- Protección de Santa Teresita del Niño Jesús para los niños - Código: 529634
- Fuerza y coraje derivados de la intercesión de San Sebastián - Código: 916382
- Sanación de enfermedades con la intercesión de Santa Bernardita - Código: 819217
- Bendición de San Blas para la curación de la garganta - Código: 927381
- Iluminación espiritual con Santa Teresa de Ávila - Código: 738219
- Protección de San Juan XXIII para líderes mundiales - Código: 529817
- Fuerza y coraje a través de San Benito de Nursia - Código: 916372
- Sanación de heridas físicas y espirituales con la intercesión de San Judas Tadeo - Código: 819463

Estos códigos numéricos sagrados pueden ser utilizados para invocar la intercesión de los santos y manifestar deseos, o pedir protección y sanación.

21. Ángeles

Aquí tienes una lista de 31 deseos o aspectos relacionados con los ángeles, junto con sus respectivos códigos numéricos sagrados:

- Protección del Arcángel Miguel contra las influencias negativas - Código: 927381
- Guía y apoyo del Arcángel Gabriel en decisiones importantes - Código: 819634
- Sanación a través de la intercesión del Arcángel Rafael - Código: 529817
- Iluminación espiritual con el Ángel de la Sabiduría - Código: 916372
- Paz interior en el abrazo del Ángel de la Serenidad - Código: 738219
- Luz y protección del Ángel Custodio - Código: 529173
- Sanación de las heridas emocionales con el Ángel de la Consolación - Código: 819463
- Bendición del Ángel de la Prosperidad para la abundancia - Código: 927361
- Serenidad y calma en el abrazo del Ángel de la Paz - Código: 738219
- Iluminación espiritual con el Ángel de la Inspiración - Código: 529634
- Fuerza y coraje derivados del Ángel de la Determinación - Código: 916382

- Sanación física y espiritual con el Ángel de la Sanación - Código: 819217
- Protección y seguridad con el Ángel de la Protección - Código: 927381
- Renacimiento espiritual a través del Ángel de la Renascita - Código: 738219
- Sabiduría y discernimiento con el Ángel de la Conocimiento - Código: 529817
- Amor y compasión del Ángel del Amor - Código: 916372
- Sanación de las heridas del alma con el Ángel del Perdón - Código: 819634
- Luz e iluminación con el Ángel de la Verdad - Código: 927361
- Protección divina del Ángel de la Seguridad - Código: 738219
- Renacimiento espiritual con el Ángel de la Transformación - Código: 529634
- Fuerza y coraje derivados del Ángel de la Fuerza - Código: 916382
- Sanación de enfermedades con el Ángel de la Salud - Código: 819463
- Bendición del Ángel de la Fortuna para la prosperidad - Código: 927381
- Iluminación espiritual con el Ángel de la Iluminación - Código: 738219
- Protección y seguridad con el Ángel de la Defensa - Código: 529817
- Renacimiento espiritual a través del Ángel de la Libertad - Código: 916372
- Sabiduría y discernimiento con el Ángel de la Sabiduría - Código: 819634

- Amor y compasión del Ángel de la Compasión - Código: 927361
- Sanación de las heridas emocionales con el Ángel de la Consolación - Código: 738219
- Luz e iluminación con el Ángel de la Luz - Código: 529634
- Protección divina del Ángel de la Protección - Código: 916382

Estos códigos numéricos sagrados pueden ser utilizados para invocar la presencia y la asistencia de los ángeles en varios aspectos de la vida.

22. Para encontrar el amor

Aquí tienes una lista de 51 deseos o aspectos relacionados con encontrar el amor verdadero, junto con sus respectivos códigos numéricos sagrados:

- Apertura del corazón al amor universal - Código: 927381
- Encuentro con el alma gemela - Código: 819634
- Sanación de las heridas emocionales para recibir el amor - Código: 529817
- Armonía y compatibilidad en las relaciones amorosas - Código: 916372
- Atracción magnética del amor mutuo - Código: 738219
- Manifestación del amor incondicional - Código: 529173
- Protección del amor divino en las relaciones - Código: 819463
- Bienestar y felicidad en la relación de pareja - Código: 927361
- Sanación de los miedos relacionados con el amor - Código: 738219
- Intimidad profunda y auténtica con la pareja - Código: 529634
- Compartir valores y objetivos comunes - Código: 916382

- Despertar del amor interno para atraer el amor externo - Código: 819217
- Aceptación de uno mismo y de los demás en el amor - Código: 927381
- Involucramiento emocional y espiritual en la relación amorosa - Código: 738219
- Respeto mutuo en las relaciones románticas - Código: 529817
- Confianza y compromiso en el amor auténtico - Código: 916372
- Descubrimiento del amor profundo y duradero - Código: 819634
- Expresión creativa del amor a través del arte - Código: 927361
- Unión de las almas en el vínculo amoroso - Código: 738219
- Armonía y equilibrio en las relaciones amorosas - Código: 529634
- Sentimiento de plenitud y satisfacción en el amor - Código: 916382
- Gratitud por el amor recibido y compartido - Código: 819463
- Realización de los sueños de amor en la relación de pareja - Código: 927381
- Sintonización con la energía del amor universal - Código: 738219
- Comunicación abierta y sincera en las relaciones amorosas - Código: 529817
- Experiencia de amor profundo y auténtico - Código: 916372
- Reconocimiento del amor como fuente de alegría e inspiración - Código: 819634

- Aceptación de los desafíos y lecciones del amor - Código: 927361
- Conexión espiritual con la pareja - Código: 738219
- Expansión del amor para incluir a todos los seres vivos - Código: 529634
- Transformación interior a través de la experiencia del amor - Código: 916382
- Alegría y felicidad en la expresión del amor - Código: 819217
- Conciencia del amor como fuerza transformadora - Código: 927381
- Armonización de las energías para atraer el amor - Código: 738219
- Sentimiento de satisfacción y plenitud en el amor - Código: 529817
- Compartir momentos significativos y memorables - Código: 916372
- Despertar de la pasión y la ternura en el corazón - Código: 819634
- Expansión del amor para incluir a la comunidad - Código: 927361
- Afinidad electiva con la pareja - Código: 738219
- Exploración del amor como fuente de crecimiento personal - Código: 529634
- Conocimiento profundo e íntimo de la pareja - Código: 916382
- Compartir momentos de alegría y dolor - Código: 819463
- Trascendencia de las limitaciones a través del amor - Código: 927381

- Integración del amor en la vida cotidiana - Código: 738219
- Conexión con el amor divino - Código: 529817
- Apertura a la vulnerabilidad en el amor - Código: 916372
- Inmersión en la experiencia del amor en todas sus formas - Código: 819634
- Expansión de la conciencia a través del amor - Código: 927361
- Aceptación y perdón en el amor - Código: 738219
- Expresión del amor a través de actos de bondad - Código: 529817
- Realización de la unidad y la conexión a través del amor - Código: 916382

Estos códigos numéricos sagrados pueden ser utilizados para manifestar el amor verdadero y profundo en la vida de quien los invoque.

23. Para encontrar la amistad

Aquí tienes una lista de 45 deseos o aspectos relacionados con encontrar y mantener amistades, junto con sus respectivos códigos numéricos sagrados:

- Atraer amistades auténticas y sinceras - Código: 927381
- Establecer lazos duraderos y significativos con otros - Código: 819634
- Sanación de las heridas emocionales para abrir el corazón a la amistad - Código: 529817
- Armonía y afinidad en las relaciones de amistad - Código: 916372
- Compartir intereses y pasiones comunes con amigos - Código: 738219
- Manifestación de la amistad como fuente de alegría y apoyo - Código: 529173
- Protección de las amistades sinceras de influencias negativas - Código: 819463
- Bienestar y felicidad en las relaciones de amistad - Código: 927361
- Sanación de los miedos relacionados con la amistad y confianza en los demás - Código: 738219
- Intimidad y confianza con los amigos más cercanos - Código: 529634

- Apoyo mutuo en los desafíos de la vida - Código: 916382
- Aceptación mutua y respeto en la amistad - Código: 819217
- Gratitud por las amistades que traen alegría y enriquecimiento - Código: 927381
- Participación emocional y apoyo mutuo en la amistad - Código: 738219
- Comunicación abierta y sincera en las relaciones de amistad - Código: 529817
- Confianza y compromiso en la amistad auténtica - Código: 916372
- Descubrimiento y valoración de las cualidades únicas de los amigos - Código: 819634
- Compartir momentos valiosos y memorables con amigos - Código: 927361
- Unión de almas en las relaciones de amistad - Código: 738219
- Armonía y equilibrio en los lazos de amistad - Código: 529634
- Sentimiento de gratitud por las amistades que traen alegría - Código: 916382
- Conciencia de la importancia de la amistad en la vida - Código: 819463
- Reconocimiento de las bendiciones que traen las amistades sinceras - Código: 927381
- Compartir momentos de alegría y dolor con amigos - Código: 738219

- Respeto mutuo y aprecio en la amistad - Código: 529817
- Experiencia de apoyo y solidaridad en los desafíos - Código: 916372
- Aceptación y perdón entre amigos - Código: 819634
- Conciencia de la importancia de la presencia de amigos en la vida diaria - Código: 927361
- Afecto genuino en las relaciones de amistad - Código: 738219
- Expansión del círculo social a través de nuevas amistades - Código: 529634
- Transformación y crecimiento personal a través de la amistad - Código: 916382
- Diversión en las interacciones con amigos - Código: 819217
- Conciencia de la importancia de cultivar amistades con el tiempo - Código: 927381
- Armonización de energías y vibraciones para atraer amistades - Código: 738219
- Sentimiento de satisfacción y plenitud en las relaciones de amistad - Código: 529817
- Compartir intereses y hobbies con amigos - Código: 916372
- Gratitud por el amor y apoyo de amigos - Código: 819634
- Expansión de la red social a través de encuentros y conexiones - Código: 927361
- Afinidad electiva y sintonía con amigos - Código: 738219

- Exploración de nuevas perspectivas e ideas con amigos - Código: 529634
- Conocimiento profundo y auténtico de las personas en la amistad - Código: 916382
- Compartir momentos de felicidad y éxito con amigos - Código: 819463
- Superación de barreras para la amistad y la conexión - Código: 927381
- Integración de la amistad en la vida cotidiana - Código: 738219
- Sentimiento de aprecio y gratitud por los amigos - Código: 529817

24. Para encontrar un propósito en la vida

Aquí tienes una lista de 51 deseos o aspectos relacionados con encontrar un propósito en la vida, junto con sus respectivos códigos numéricos sagrados:

- Revelación de tu propio propósito de vida - Código: 927381
- Claridad mental para entender tu propio propósito - Código: 819634
- Conexión con tu misión espiritual personal - Código: 529817
- Orientación divina en el camino hacia tu propósito - Código: 916372
- Logro personal a través de tu propósito de vida - Código: 738219
- Aceptación de tu destino y tus inclinaciones - Código: 529173
- Protección divina durante la búsqueda de tu propósito - Código: 819463
- Satisfacción interior al alinearte con tu propósito - Código: 927361
- Sanación de miedos y obstáculos hacia tu propósito - Código: 738219
- Expansión de la conciencia sobre tu misión - Código: 529634

- Armonía y equilibrio al perseguir tu propósito - Código: 916382
- Gratitud por el don de descubrir tu propósito - Código: 819217
- Iluminación interior sobre tu vocación - Código: 927381
- Confirmación espiritual de tu dirección en la vida - Código: 738219
- Sabiduría y discernimiento al perseguir tu propósito - Código: 529817
- Confianza en el camino hacia tu propósito de vida - Código: 916372
- Manifestación concreta de tu misión en el mundo - Código: 819634
- Realización de tu potencial a través de tu propósito - Código: 927361
- Compartir tu propósito para inspirar a otros - Código: 738219
- Armonización de energías para manifestar tu propósito - Código: 529634
- Aceptación del cambio necesario para realizar tu propósito - Código: 916382
- Gratitud por cada paso hacia tu propósito - Código: 819463
- Claridad en la visión de tu propósito de vida - Código: 927381
- Determinación para superar obstáculos en tu camino - Código: 738219
- Apoyo divino durante la realización de tu propósito - Código: 529817
- Integración de tu pasión en tu propósito - Código: 916372

- Conciencia de la importancia de tu contribución - Código: 819634
- Revelación de la singularidad de tu propósito - Código: 927361
- Orientación espiritual en tu camino - Código: 738219
- Expansión de la visión para abrazar un gran propósito - Código: 529634
- Aceptación de los dones y desafíos de tu propósito - Código: 916382
- Gratitud por el apoyo de tus compañeros de viaje - Código: 819217
- Realización personal al seguir tu propósito - Código: 927381
- Transformación interior al perseguir tu propósito - Código: 738219
- Armonía e integración de los aspectos de tu vida en tu propósito - Código: 529817
- Expansión de la conciencia sobre tu vocación - Código: 916372
- Claridad sobre las acciones para realizar tu propósito - Código: 819634
- Conexión con el flujo universal en tu búsqueda - Código: 927361
- Aceptación del destino y tareas relacionadas - Código: 738219
- Expansión de la mente para abrazar un gran propósito - Código: 529634
- Armonización de energías para manifestar tu destino - Código: 916382
- Aceptación del camino único hacia tu propósito - Código: 819463

- Claridad sobre tu misión - Código: 927381
- Determinación para superar desafíos - Código: 738219
- Apoyo espiritual en tu camino - Código: 529817
- Integración de la pasión en tu búsqueda - Código: 916372
- Conciencia del valor de tu contribución - Código: 819634
- Revelación de la singularidad de tu propósito - Código: 927361
- Orientación espiritual en tu destino - Código: 738219
- Expansión de la visión para abrazar un gran destino - Código: 529634
- Aceptación de los dones y desafíos de tu destino - Código: 916382

Estos códigos numéricos sagrados pueden ser utilizados para ayudarte a encontrar y perseguir un propósito significativo en la vida.

25. El Triunfo de la Transformación a través de los Números Sagrados

En este capítulo conclusivo, exploraremos el poder transformador de los números sagrados y reflexionaremos sobre la experiencia de utilizarlos para mejorar nuestra vida.

Reflexión sobre los avances

Durante el recorrido a través de los numerosos códigos numéricos sagrados presentados en este libro, hemos emprendido un viaje de crecimiento personal y transformación interior. Cada número, cada secuencia, cada fórmula ha ofrecido una oportunidad única para explorar diferentes aspectos de nuestra vida y activar cambios positivos.

Al reflexionar sobre los avances realizados, es importante mirar hacia atrás con gratitud por el viaje que hemos emprendido. Hemos aprendido a abrir nuestro corazón a la sanación emocional, a manifestar nuestros deseos más profundos y a encontrar una conexión más profunda con el universo que nos rodea.

Quizás hayamos experimentado pequeños éxitos en el camino: una mejora en la salud, un aumento en la prosperidad, una mayor armonía en las relaciones. O tal vez hemos enfrentado desafíos en el camino, momentos en los que nos hemos sentido perdidos o confundidos acerca de nuestro propósito en la vida. Independientemente de las circunstancias, cada experiencia ha sido una oportunidad para aprender y crecer.

Mirando hacia el futuro, es importante llevar con nosotros las lecciones aprendidas durante este viaje con los números sagrados. Podemos seguir cultivando la gratitud por cada aspecto de nuestra vida, ya sea positivo o negativo. Podemos usar el poder de los números sagrados para mantener viva nuestra conexión con lo divino y seguir manifestando nuestros sueños y deseos más profundos.

Recordemos siempre que el verdadero poder reside dentro de nosotros. Podemos usar los números sagrados como herramientas para acceder a esta poderosa fuente de energía interior y para crear la vida que realmente deseamos. Que lo que hemos aprendido en estas páginas nos acompañe en nuestro viaje y nos guíe mientras continuamos creciendo, aprendiendo y evolucionando. Que cada día sea una oportunidad para experimentar la belleza y la maravilla de la vida con conciencia y gratitud.

Concluimos este viaje con el corazón abierto y la mente clara, listos para abrazar todo lo que el futuro tiene para ofrecer. Que podamos seguir explorando y apreciando el poder transformador de los números sagrados mientras continuamos nuestro viaje de crecimiento y autorrealización. Que podamos encontrar paz, alegría y abundancia en cada paso del camino.

Gratitud y Apreciación

La gratitud es una fuerza transformadora que puede traer profundas vibraciones positivas a nuestra vida y nuestras relaciones. Es importante reconocer y apreciar el valor de lo que hemos experimentado y aprendido en el camino de los números sagrados.

Comencemos reflexionando sobre todos los momentos significativos, descubrimientos y transformaciones que hemos experimentado durante nuestro trabajo con los números sagrados. Cada número que hemos activado y cada intención que hemos manifestado ha contribuido a nuestro viaje de crecimiento personal y espiritual. Podemos expresar gratitud por el regalo de tener acceso a este conocimiento y por la oportunidad de aplicarlo en nuestra vida diaria.

La gratitud nos ayuda a cultivar una perspectiva positiva y a reconocer el valor de nuestras experiencias, incluso las más desafiantes. Podemos estar agradecidos por las lecciones aprendidas de los momentos difíciles y por cómo nos han ayudado a crecer y evolucionar como individuos. Cada obstáculo superado y cada desafío enfrentado nos ha hecho más fuertes y más sabios.

Además, podemos expresar gratitud por el apoyo y aliento que hemos recibido en nuestro camino. Podemos agradecer a aquellos que han compartido su conocimiento y experiencias con nosotros, así como a aquellos que nos han apoyado y alentado en el camino. La gratitud por las personas que han cruzado nuestro camino y han contribuido a nuestro crecimiento es un poderoso medio para cultivar conexiones significativas y difundir amor y gratitud en el mundo.

Finalmente, podemos cultivar aprecio por el momento presente y por todas las bendiciones que nos rodean. Podemos estar agradecidos por la belleza de la naturaleza, por las pequeñas alegrías cotidianas y por el regalo de la vida misma. La apreciación nos ayuda a vivir en el momento presente y a reconocer la riqueza y abundancia que nos rodea.

En conclusión, la gratitud y la apreciación son claves fundamentales para una vida plena y satisfactoria. A través de la práctica de la gratitud, podemos cultivar una perspectiva positiva y transformar nuestra vida en una fuente de alegría, inspiración y abundancia. Podemos seguir expresando gratitud por nuestro viaje con los números sagrados y por todas las maravillosas posibilidades que el futuro tiene para ofrecer. Que la gratitud siempre sea nuestro compañero de viaje mientras continuamos nuestro camino de crecimiento y evolución.

Integración y Continuidad

• Prácticas diarias: Reflexionemos sobre cómo podemos incorporar los principios de los números sagrados en nuestras rutinas diarias. Podemos crear rituales matutinos o vespertinos que incluyan la meditación con números sagrados, la visualización de intenciones y la recitación de afirmaciones positivas.

• Conciencia continua: Mantengamos una conciencia constante de nuestros pensamientos, palabras y acciones, y cómo pueden estar alineados con los principios de los números sagrados. Tratemos de estar presentes en el momento presente y de operar desde un lugar de amor, compasión y gratitud.

• Compartir con otros: Compartamos nuestra experiencia con los números sagrados con los demás y tratemos de inspirar a quienes nos rodean a explorar esta poderosa herramienta de transformación personal. Podemos formar grupos de estudio o participar en comunidades en línea para compartir ideas, experiencias y apoyo mutuo.

• Práctica del perdón: Cultivemos la práctica del perdón y la compasión hacia nosotros mismos y hacia los demás. Reconozcamos que todos estamos en un viaje de crecimiento y que habrá momentos en los que cometeremos errores o enfrentaremos desafíos. Démonos gracia y amabilidad mientras continuamos nuestro viaje.

• Alineación con el universo: Tratemos de mantener una alineación constante con el universo y sus leyes universales. Sintonicémonos en la frecuencia del amor, la abundancia y la gratitud y trabajemos con el universo para manifestar nuestros deseos más profundos.

Bendición Final

En este capítulo final, queremos concluir nuestro viaje con los números sagrados con una bendición, deseando paz, alegría y abundancia a todos aquellos que han participado en este libro.

Que esta bendición sea una oferta de amor y luz para todos aquellos que han explorado los secretos de los números sagrados y han abierto sus corazones y mentes a la transformación personal y espiritual.

Que puedan encontrar paz interior en momentos de turbulencia, y que puedan hallar consuelo y apoyo en sus desafíos más difíciles.

Que puedan cultivar la alegría en las pequeñas cosas y en la esencia misma de la vida, y que puedan encontrar gratitud por cada momento que se les concede.

Que estén rodeados del amor incondicional del universo y encuentren consuelo en el abrazo de quienes los aman.

Que caminen con confianza y determinación en su camino, sabiendo que están respaldados por las fuerzas invisibles del universo.

Que puedan manifestar sus sueños más profundos y realizar su máximo potencial, llevando luz y amor al mundo.

Que sean bendecidos con abundancia en todas las áreas de sus vidas: salud, felicidad, prosperidad, amor y realización personal.

Que continúen su viaje con los números sagrados con valentía, esperanza y confianza en el poder de su intención y en la infinita sabiduría del universo.

Que la luz de los números sagrados los guíe siempre, iluminando su camino y brindándoles paz y alegría en su trayecto.

Que sean bendecidos, amados y protegidos, hoy y siempre. Que así sea.

Con amor, gratitud y bendiciones infinitas,

Luna

Made in the USA
Middletown, DE
30 August 2024